COSTURES

Mireia Calafell

POESIA

COSTURES

XXXIV Premi de Poesia Catalana
Josep Maria López Picó de la Vila de Vallirana 2009

Pròleg de Màrius Sampere
Epíleg de Gemma Gorga

VIENA

Tercera edició: agost del 2020
Segona edició: novembre de 2016
Primera edició: abril de 2010

Còrsega, 307, entresol 2a – 08008 Barcelona
Tel.: 93 453 55 00
www.vienaedicions.com
viena@vienaedicions.com
ISBN: 978-84-8330-588-1
Dipòsit legal: B 9273-2010
Fotocomposició, impressió i enquadernació: Fotoletra

El jurat del XXXIV Premi de Poesia Catalana Josep M. López Picó de la Vila de Vallirana 2009 estava format per Màrius Sampere, Francesc Garriga, Manuel Forcano, Enric Viladot, Pau Vadell i Vallbona, Josep Alemany i Rigol (alcalde de Vallirana i president del jurat), Salvador Campderròs (delegat de la Caixa Penedès Obra Social, patrocinadora del premi) i Paz Egido (regidora de Dinàmiques culturals i Turisme i secretària del jurat).

TAULA

SÈRIE DE PUNTS QUE UNEIX DUES PECES

MARCA DEIXADA PER UNA NAFRA MAL CURADA

PRÒLEG

No sé si hi ha temps per a l'esperança, o només arriba i passa volant i es limita a encarnar tota la crueltat de la indiferència.

Tampoc no sé

ningú no respon
i el telèfon és l'abisme

si hi ha temps per a l'abisme. Fins i tot no sé si hi ha temps per a res, ni si hi ha –i això és el més important, és a dir, el més greu– temps, cap temps, ni aquí ni enlloc, ni ara ni mai. Perquè si el temps existeix és cosa seva, ben bé cosa seva i de ningú més. I, mesquí, s'ho calla tot: mai no ens ha dit qui és, què vol i com s'ho fa, per fer i desfer; ni tan sols ens explica si les coses són de debò o de vidre, de foc o de fum. En tot cas, però, aquestes coses, reals o irreals, s'enllacen, s'encreuen, se superposen, per confegir –diu la Mireia Calafell– la veritat molesta.

Molesta? Veritat o realitat, o pedaços cosits i recosits d'aquest temps insituable, la peça sargida ens la posem, ens l'engiponem, ens abriga; de vegades ens embelleix, d'altres vegades ens asfixia. I sempre ens situa, ens arracona entre el fil i l'agulla; i, una mica més ben vestits, avancem sense parar cap al temps final. I contra els frecs laterals –sorprenents, anònims– ens protegim els flancs amb les costures de la carn viva, d'un cos que fa de crosta i ànima.

De fet és això: la nostra poeta, com si cosís el seu vestit nupcial per a la gran festa nocturna, construeix una subtil, una aràcnida indumentària unint dos materials nobles que, en principi, semblen contraposats. Són els poemes que han de confluir en un llibre molt especial, en aquest cas *Costures*, premiat amb el López Picó 2009, de Vallirana. Un poemari estructuralment seccionat, intel·ligentment progressiu. Les seccions són quatre: «Escola de nenes», «Acció de cosir», «Sèrie de punts que uneix dues peces» i «Marca deixada per una nafra mal curada»; com és evident, tot un procés, una progressió. Que la Mireia desxifra reconeixent-se amb vehemència:

> com una bèstia enyoro els angles
> que es van afilar les últimes nits
> quan no sabíem que serien les darreres.

No, la poeta, en la seva declaració introductòria, reconeix que no té carnet de sòcia ni eslògans al balcó. És clar, tot just és –encara– a l'escola de nenes. Però el temps (aquell temps que dèiem), el temps veritable, molest, el de l'esperança, el de la cruel indiferència, passa, no sabem si va cap a l'abisme o envers l'albada en un vol ascendent fregant el món dels nostres teixits estimats. Atès que

> de tan a prop del terra, ja no caurem.
> I estimar es caure.

Després d'aquest llibre magnífic, no hi cap dubte que la Mireia Calafell ha caigut en la seva pròpia poesia. Parany del qual, sortosament, no sortirà mai.

MÀRIUS SAMPERE

Als meus avis, per tant

ESCOLA DE NENES

LASCIATE OGNI SPERANZA

Surts de la dutxa amb el cabell mullat
i unes ulleres que revelen més del que voldries.
Baixes d'un cinquè i com que encara fas temps
et mires de prop al mirall de l'ascensor.
Et pintes els llavis i, en acabat, fas aquell so
que feia la mare: un petó cap endins
que t'ha agradat rebre, i seductora somrius
mentre t'assalten arrugues que no vols veure:
et tapes la boca amb urgència.
Llavors entre els dits, deixes anar l'alè
i la boira al vidre suavitza expressions
i et tens al davant com en una foto antiga
que amb l'índex redibuixes per tenir els ulls més grans.
Però el viatge s'acaba i, abans d'obrir la porta,
poses ordre a les solapes com agafant impuls,
un gest cinematogràfic que accentues
omplint els pulmons, i et dius:
«això és el *dejà vu* de cada matí», i penses:
si visqués al desè tindria el doble de temps
per reinventar-me i preparar el veritable
descens, el que comença aquí, just ara.

SENSE

No tinc carnet de sòcia
ni eslògans al balcó,
camino despistada
buscant identitats,
aquell abric que em digui
qui sóc i cap on vaig.

Però el fet és que no sóc
ni sé ni faig ni escric
ni dic ni vaig ni puc
ni vull cap dignitat
que no sigui la meva,
que no parli de mi
per a refer-me sempre,
que em sobren el desitjos
i em dol la veritat.

RÀFEGUES

Escric i una ràfega d'aire suau em salva
d'aquest estiu sense clemència
que és a punt d'encendre un foc a casa dels veïns.

Tanco els ulls perquè es ventin les idees
i veig passar, fugaç damunt del segon vers,
el vestit d'ella, aquell que de reüll vaig envejar
quan no sabia encara que faria d'estel i volantí.

Deixo que em pesqui i volo
fins arribar a una platja amb tovalloles,
que és un tauler d'escacs on no es guanya ni es perd,
ni neva, ni plou, únicament s'hi juga
amb la indolència d'aquells dies de mar, família i sal.

Em planto en un escull per refrescar-me
i entenc llavors que escriure és descobrir
quines són les paraules que esborra la marea
en arribar a la sorra, tan acuradament.

Somric i decideixo aventurar-me:
busco petxines per regalar-me-les en vers.

LOCUTORI

Reconverteixen el cable telefònic en un cordó umbilical
que recorre distàncies, contradiu fusos horaris
i sorprèn els peixos removent la lluna a l'oceà,

se sostenen a un fil de veu que sempre és massa lluny
i creix com una flor que aprèn a esperar en l'ombra
un gest que l'acaroni amb la tendresa d'una altra època,

proven de no trencar-se quan ningú no respon
i el telèfon és l'abisme que comunica amb incertesa
fins que els nens diuen *sí?* i s'enceta la conversa
que acabarà evocant l'enyor mentre s'aboquen
en l'esforç de fer present l'absència.

Així, amb la fragilitat del temps present,
persisteixen i són mares entre les quatre parets
del locutori que et sacseja amb un paral·lelisme,
aquell que de la nostra ciutat en fa galera
i del teu passejar, el torn d'un zelador.

MAMOGRAFIA

No hi ha seducció en el gest amb què es treu el jersei
ni es descorda els sostenidors amb un posat atractiu
que descongeli l'ambient d'aquesta cita de divendres.
S'ajeu sobre el llençol amb ordre als moviments
i té fred quan ell s'atansa sense mirar-la als ulls
per examinar amb els dits com qui fa sonar un piano
que no inspira confiança, desafinat després de tant
de temps, el regne que els mugrons cònics coronen.
La revisió no acaba aquí, ara toca la màquina.
Col·loca el pit esquerre en el que sembla una balança
que no sabrà pesar les hores de passió que han passat
per aquí i, menys regularment, encara hi passen.
Postrada i *ciborguesca* es demana en quin moment
el que es captava del cos perquè importava
va caure de la pell cap endins, de les fotos d'estiu
a les mamografies. El silenci és la resposta.

RODALIES

Al tren vaig adonar-me'n.
La puntualitat es va quedar
a l'estació de Rússia
per allò de l'Anna Karenina.
Des de llavors els rellotges improvisen
i les vies fan pessigolles als vagons,
que riuen de nosaltres.

Viatjava d'esquena i, per no marejar-me,
vaig girar els ulls cap endins
i així les ninetes reinventaven el paisatge
de blocs de pisos sobris i nens de poca infància.

Ara en qualsevol trajecte
faig per anar d'esquena, com a contracorrent,
mirant-me la mirada, rient amb els vagons.

CANÇÓ DE BRESSOL

Arraulit al bressol on vàrem brodar el nom,
celebres la ignorància d'un món tot delineat
que talla llibertats i opina abans que tu.

Encara havies de néixer i ja havíem dit qui eres,
t'havíem comprat roba ben blava com la mar
i parlàvem de tu, de tot el que faries
desestimant el ball en pro d'algun esport,
llançant expectatives amb gust ranci de triomf.

Però quan siguis gran, no t'espantis de tu
i pensa allò que diguis, i digues allò que pensis.
Traça el gargot que et faci sentir viu
i no miris avall. La sang farà un bassal.

ELS ANYS QUE NO HE VISCUT

Si dic que hi ha anys que no he viscut
recordo un temps en què han sobrat miralls
multiplicant-me el cos i fent amples les cuixes,

penso en la cinta mètrica i els resultats que deien:
«Mirin, la seva filla perd la menstruació i les ganes,
ara que tot just començava a fer-se una *doneta*!
L'haurem de vigilar, vagin a la farmàcia i comprin
pastilles per dormir, pastilles per menjar,
per llevar-se al matí i un xarop per sagnar.
No es preocupin, farem que li passi el que li passa,
no cal ni que s'expliqui, ja venia explicada
abans d'obrir la boca i dir el que diuen totes,
no és gens original».

Si dic que hi ha anys que no he viscut
parlo dels dies en què em venia gran el cos.
I és ara quan pregunto: aquella malaltia
era una rebel·lió?

SI TOT VA BÉ

Refà el camí que arriba a casa els pares.
Només són vint minuts amb l'autobús
i un quart de segle o més a l'ascensor
on tornarà a llegir tantes vegades
no dejen que los niños viajen solos sense el *no*
i pensarà en els anys que han anat transformant-la
fins convertir-la en receptora del consell.
Llavors allargarà la llista amb altres recomanacions,
com les que hagués volgut trobar fa temps.
«Si tot va bé», pensa, «els qui ara són nens
esborraran les negacions». Les nenes,
com la petita del setè que li recorda a ella,
faran present la seva absència amb el traç persistent
d'una clau sobre les «o». Obriran portes. Si tot va bé,
viatjaran soles.

ANGLE MORT

Por el retrovisor:
un segundo del aire
encuadrado

FLORENCIA KANTOR, *Bambalinas*

Des del retrovisor per on s'escola el passat
que provo d'escriure hi ha un punt cec,
un retall de vida, imatges i paraules que vaig viure
o somniar, tant és. Un pedaç que va ser meu
i se m'escapa a mesura que avanço autopista enllà
cap a un destí que desconec: un paisatge de vida,
imatges i paraules que viuré o somniaré, no importa.
I amb el temps em fugiran potser per la mateixa
escletxa d'oblit que el mirallet no atrapa.

És concèntrica la vida a través del retrovisor.

ACCIÓ DE COSIR

La desmemòria és un calaix obert
ple de guants desparionats

MANUEL FORCANO, *De nit*

L'HORITZÓ

Capgirarem el món, acabarà el final,
oblidarem l'oblit amb etimologies noves.
La pell, el verb i els déus esperaran als llimbs
i no sabrem resar quan tot ens recomenci.

Rellegirem l'ahir, caducarà l'enyor,
farem de nou l'amor tot ignorant els noms.
Volgudament absorts, discretament perduts,
recollirem el cos, desitjarem el buit.

Llavors, així, de cop, potser sabrem
que l'horitzó era el punt de partida.

AUTÒPSIA

L'alada indiferència de l'esquena,
la inerta resistència dels mugrons,
l'essència indesxifrable de les pigues,
l'asmàtica balbada de l'escot,
l'anèmica bellesa de les cuixes

burlen la biòpsia de qui busca

l'obsessa permanència de l'origen,
l'absurda creença en l'hermenèutica,
l'amèlia inesperada del que és pur.

QUIROMÀNCIA

Acompanyant el ritme que acceleres,
em poses la mà al pit
i sé llavors qui sóc, però no només.

Amb un efecte màgic, quan respiro,
la sístole és retòrica i, al palmell,
t'hi brollen cal·ligrames enigmàtics
que apel·len a la intuïció per predir
lectures que ens fan còmplices
del repte de gosar restar en la suma
i escriure aquest relat sense pretendre
entendre'l, ni quan ja s'hagi acabat.

RETORNAR

Les ciutats són cartes perdudes i pòstumes

(Amb) Hélène Cixous

Retornar a la ciutat
on vas deixar-hi els anys
curosament plegats
dins els records de l'altra
que és el pedaç de tu
que no viatja.

Entrar-hi sense pressa
i no només pel trànsit
que el locutor comenta
amb un accent estrany,
potser perquè és tan teu
que ja ni el recordaves.

Arribar-hi impacient
amb el viatge als ulls
i un *skyline* al fons
d'històries impossibles:
cadàver exquisit
d'un món que es fa petit.

Venir-hi per marxar:
un canvi de sentit
abans no sigui tard.
–On és que estic tornant?
El cos se t'estremeix,
costa empassar saliva.

Et sents turista al barri,
no acullen els carrers
que havies enyorat.
No es pot voler tornar,
al pany hi ha l'evidència:

de sobte,
les claus de casa
no són ja *les de casa*.

MOSTAR

Se sedimenta al riu
l'angoixa adolescent
enfonsada entre bales
que van matar-ne tantes,
de vides com les nostres.
Adolescències desplomades
que el pont exhala ara
amb un crit petrificat
mentre s'esforça a no enrunar-se,
altra vegada.

Don't forget ninety three,
exigeix la ciutat encegada
pels flaixos dels turistes
que anestesien la memòria,
i fan banal l'horror
com la postal que no t'envio.

L'OMBRA

No ens abraçàvem,
però l'ombra ingent de l'edifici
ens reflectia junts com una altra mentida,
i allò que no ens dèiem prenia cos a l'asfalt.

Amb perspectiva aèria, la imatge era poètica:
tu i jo d'hipotenusa, i al terra,
fent d'angle recte, aquell desig impúdic
que a cel obert podria ser il·legal.

Però vam deixar Dubai sense saber parlar,
lliurant l'ombrada al fràgil franc albir
d'un sol desmemoriat que no sap explicar-me
per què sota les ungles m'hi trobo sorra encara.

TEXTURES

La crueltat del temps és la seva indiferència,
que no s'atura a escoltar reclams ni oracions,
avançant sense preguntar per què ni explicar el com,
penetrant inevitablement tots els objectes
que deixen de ser objectes per ser Història
i contenir-se en aquest mot que és singular,
però, femení?

Sense presses va fent del món un món
amb plantejament, nus i desenllaç
com aquelles redaccions que escrivíem a l'escola,
amb faltes d'ortografia, errors gramaticals
i un final precipitat perquè passaven de vint ratlles
–uns 15.000 caràcters que, en lloc de sumar, resten.

Serà ja massa tard quan descobrim
que som nosaltres qui fem text de la textura,
i nosaltres també els que no llegirem
allò que posi en dubte la verticalitat del pensament?

EL TEMPS DE LES CIRERES

Ara que ja no hi ha diners per a l'hipoteca
d'una vida allà al cel –o era a l'infern?–,
que sempre fem tard empresonats pel trànsit
–som els cotxes parats fent files militars–,
que la llum se'n va i tot és tan fràgil
–mireu com es podreix la carn sense nevera–,
que sobren motius i ningú ja no es queixa,

ara que és el temps de les cireres,
ha resultat que són transgèniques.

PREGUNTA RETÒRICA

Podria molt ben ser que un dia em faci por
haver crescut enllà de mi, vessant-me
en altres braços com una olla que bull,
i ningú no respongui quan demani
«abaixa el foc, si us plau, abaixa el foc»

I tu,
com ho fas per tal que et creixin flors
als marges de la pell
prou altes per fer ombra i contenir-te,
com si la pèrdua d'aquells que et donem nom
no afectés de ple les arrels del temor?

TALLS

Potser serà una nit de tempesta
amb trons que exaltaran la pell del cel
i en mostraran les cicatrius
(tallen, les ales dels ocells).
O ni tan sols serà dramàtic
i passarà a les onze d'un dia qualsevol
mentre hi hagi cues per a l'autobús,
nens que desemboliquin l'esmorzar,
i tu estiguis davant de la pantalla
buscant-me en un correu,
amb l'emoció del misteri baixant
dels ulls als dits fins a les tecles
com ocells que picotegen afamats
de gana i de desig. Tant és.
Només importa la consciència del moment,
saber que un dia, sí, s'acabaran
les cues, l'autobús, els nens i els esmorzars.
També nosaltres. El teu nom als meus correus
serà l'últim esbós d'aquesta història,
un crit a l'horitzó tot just abans del vol
(tallen, les ales del present).

SÈRIE DE PUNTS QUE UNEIX DUES PECES

ben al fons
el cos recorda

GABRIEL FERRATER, *Les dones i els dies*

DANSA DELS DITS

L'apoteosi del tacte

CARME RIERA, *Qüestió d'amor propi*

L'abrivada dansa dels dits sobre el teclat
cus el vers que haurà d'estremir el seguici
de pigues que em desfilen per l'esquena
i al coll enceten l'apoteosi del tacte, buscant-te.
Escric com si amb les paraules fos possible
diluir-me en l'onada d'aquest plaer solitari
que moll sura entre les costes que ens separen
i esperen que, enmig de l'oceà, arribi l'abraçada.

PUNT DE NO RETORN

Volar abans de volar quan els genolls es toquen,
tres centímetres de pell sota els camals desprotegits
del joc d'alterar l'ordre i fer insegurs els cinturons.
Els seients en angle recte, les safates verticals
i la mirada fixa al logotip d'alguna companyia
que m'acompanya en el propòsit de no fer un despropòsit
mentre una veu ens diu que en breu s'enlairarà l'avió.
Quan la consciència calla, el desig s'ha estès per tot el cos
i el vertigen em mareja. Ja és tard per avortar la maniobra:
l'acceleració palpitant dels motors indica amb contundència
que hem caigut

al punt de no retorn.

TRANSVASAMENT

Se t'omplen els ulls d'aigua.
Voldria pensar que és perquè em mires
i veus en mi una pell d'algues
on poder explorar el tacte del palmell,
jugant a posar-me a contrapèl.

I perquè aquest desig intens
d'imaginar-te així s'imposa,
oblido que ho fas per protegir-te
de mi o del desert que ha ressecat les lents,
i nedo assedegada entre les dunes
pel riu que et neix al llagrimer
i em mulla. D'això se'n diu
transvasament.

CARTOGRAFIES

Només qui vola sap quant pesa un cos

CLARICE LISPECTOR, *A cidade sitiada*

Al cos hi tens traçats camins de cel,
volo amb els dits.
Des d'aquí dalt, cada piga és un llac,
bec el desig.
Agafa el sol que es fa de nit,
mulla'm així.

INSTRUCCIONS PRÈVIES

Dóna'm
records sense matèria
que no tinc lloc a casa
ni temps per a desar-los
amb l'ordre que em caldrà
quan hagi de trobar-te.
Vesteix-me amb la memòria
d'un pronom en plural
i abriga'm amb la urgència
del verb quan és present,
que no tindré paciència
per retornar als racons
on no haurem estat mai.
Vine si et vols quedar
i fes perquè oblidi
que acabaràs marxant
quan ja me n'hagi anat.

CONVERSES

M'agrada quan em toques perquè et fas més present,
i em parles amb la llengua que no sempre conec,
agafant-me les cames com si fossin camins
que ens han de fer entendre malgrat les dreceres.

M'agrada quan em vius perquè se t'omple la boca
i sé que em saps a prop després de cada volta,
encara que em rellisqui la teva veu pel coll
seguint, sense atrapar, les gotes de suor.

Deixa que et parli ara també amb la meva llengua
abans no arribi el crit que et demanarà el silenci.

DIUMENGE

És diumenge des del llit
i no saps quin temps fa a fora
(incògnites que no venien al contracte
d'un segon pis, tercer real, tot interior).

Mandrosa, vas conquerint l'espai
d'un llit de matrimoni que no escau
al complement ni ofereix resistència
i penses què seria llevar-te acompanyada,
l'alegria de fer el mort quasi flotant
en algun somni, sabent que l'escalfor
d'un cos dormint et fa de boia.

Només d'imaginar-t'ho ja somrius
quan l'amenaça de pluja sobta el coixí
i et retreus voler tot el que vols, i dius
escoltant-te la veu, que encara té son:
«l'amor romàntic alimenta les putes,
l'amor romàntic alimenta les putes».

Però ni amb la repetició t'has convençut.

BALCONS

Preparo l'amanida amb tomàquets insípids
i t'imagino cuinant el segon plat sota la llum al·lògena
que va fent pampallugues com picant-me l'ullet.

De mi no deus conèixer més que el contorn de l'ombra
exagerat per la cortina i alguna intimitat que no confessarem.

No em cal saber el teu nom per compartir els horaris
ni aprendre del gest amb què tanques porticons:
a la tendresa quotidiana des d'on t'observo
li consta que tant tu com jo podríem ser uns altres.
Aquesta ciutat ens fa intercanviables.

CONDICIONAL

Saps? T'escriuria un poema
però el soroll de les grues no em deixa concentrar.
Et diria t'estimo sense el verb estimar
i tu somriuries amb ulls enamorats.

Faries créixer els arbres que estan desarrelant.

GEOMETRIA

Enyoro el teu cos com una bèstia,
la suor d'aquell juliol fent mar el terra
d'un pis sense parquet, tu i jo ofegant-nos
en el plaer més íntim, les nostres pells cosides
pels turmells: el vèrtex d'un triangle
que els braços tancaven fràgilment.

Com una bèstia enyoro els angles
que es van afilar les últimes nits
quan no sabíem que serien les darreres
ni que la presumpta exactitud d'una figura
pot fer devastadora la geometria perfecta.

INTERPRETA'M

Invoca l'esclat de la follia,
imposa un règim d'excepció,
abraça'm. I en l'abraçada
sigues rebel dels límits,
parla'm de tu, calla'm les nits
–et demanava.

No marxis, no te'n vagis encara.
Equivoca't abans,
fes hermenèutica de mi. Interpreta'm
–et suplicava.

Llavors jo ja ho sabia:
més mal que el que s'acaba
fa allò que no comença.

MARCA DEIXADA
PER UNA NAFRA MAL CURADA

Hi ha dies en què ensopego amb l'ombra
del cor. I penso entrar en la nit i quedar lliure
de la nit. *I penso* entrar en la por i quedar lliure
de la por. Entrar en tu i quedar lliure de tu.

GEMMA GORGA, *El desordre de les mans*

Desabraça'm! O abraça'm sense retorn ni brida.

MARIA-MERCÈ MARÇAL, *Sal oberta*

No va a haber nada que pueda repetirse,
ni una marca, aunque
la cicatriz esté naciendo cada tarde.

IRENE GRUSS, *La mitad de la verdad*

PROMESA

Si crides el meu nom aquesta nit
i vols fer-me l'amor en la foscor,
prometo despertar-me.

Si emmudeixes mentre escric
i fas que el vers parli de tu,
senzillament,
prometo.

COIXÍ

Sóc el coixí
que amb impaciència espera
anar recuperant la forma
que deformi el teu perfil.
Em trec a prendre l'aire
per ventilar el record d'aquesta olor,
desafiant el tint amb l'aigua de la pluja.
Salto per espolsar-me l'enyor
que has anat deixant a les costures
i faig veure que trobo, amarada de tu,
uns altres braços
                              on estendre'm.

TENÍEM LA MIRADA

Als teus ulls he descobert
que teníem la mirada per fer estiu.

Una certesa càlida, però tardana:
el temps que no hem vist junts
et balanceja les pestanyes
fins caure'm entre els dits.
Fixa't,
han sembrat tardor quan escrivia:

tot pot desaparèixer en un instant,
amb cloure les parpelles basta.

NOMÉS

Només per no buscar-te, ens vàrem retrobar
quan la nit queia absorta en fetilleres llunes
i vas besar-me els ulls gosant poder estimar
i se'ns desfeia el tacte borrós sota l'alè
deliqüescent de mots que ens resguardaven.

I ens va renéixer el món, perduts en la mirada.

Només per no trobar-te, no vaig saber buscar
el camí de tornada a intimitats tan còmplices.
I els dits en el record són esperons que punyen,
i em sagna el cos sencer, rabiós per la basarda
d'un trist tapís de nafres que em parlen de nosaltres.

BICÈFALS

Amb
el sol a l'escot, la mar a la pell,
la brisa d'estiu despentinant-me les pors,
les ganes de tu als llavis vermells,

escric amb els dits el nom del desig
i fujo de mi, i ens trobo en un cos
obert amb dos caps que miren enlloc.

MAL DE MAR

Golosa gelosia dels móns que ara t'admiren:
paisatges desconeguts que puc imaginar
–amb tants documentals, tantes revistes,
n'hi ha prou de recordar records dels altres:
ja no és possible viatjar enllà del simulacre.

Però te'n vas anar tan lluny, tan fora de nosaltres
que a la maleta et vas endur les ganes d'esperar-te.
I és que ho sabíem, ho havíem dit:
serà difícil no ofegar-se entre tanta aigua.

DESEQUILIBRIS

La ironia de l'atzar ens ha tancat en el silenci
d'aquest espai de llum que crema les pupil·les
i és un vidre quimèric on sobren les mentides.

Les parets pàl·lides recorden que som pluja d'estiu
i et mareja la calor de la quietud de tant de sol.
Declivis. Es perden equilibris,
passeja desvergonyida la vulnerabilitat.

Però ha caigut la nit com un suïcidi
i arriba el taxi, i se t'endú,
i la ciutat és impostada, és massa gran.
Véns a dir-me adéu a cau d'orella
mentre pressionen les mirades
d'una vida dissenyada amb tanta cura
i tant d'esforç, amb tanta, tanta, tanta,
que transformes el desig en protocol.
I, alhora, se'ns ha esquerdat el cos, de cop,

...perquè has obert la porta i oblidarem qui som.

CONFETI

Abandonar és pitjor que desconèixer:
sempre t'ha espantat més l'ombra que l'absència.

Els comiats dramàtics t'agraden més, penses,
perquè es queden amb tu quan l'altre se'n va
i són ràbia o odi o enyor sense consol
però no aquest silenci balmat que t'esgarrifa.
La formalitat del vostre adéu,
tan fred i tan correcte –tan impropi–,
és la guspira amb què heu encès un foc
que abans era metàfora i ara exigeix el repte
de saber-ne fer confeti, de la cendra.

FÍSICA

L'energia calorífica pot viatjar a través del buit
d'uns braços que no abracen o uns llavis que no besen,
i quan arriba ho fa colant-se en un calfred pels porus de la pell,
sense que de res valgui reclamar la il·legalitat d'algunes lleis
d'aquesta física que impera amb una tirania tan superba
i tan exacta. En l'aire, per exemple, el so es desplaça
a uns 340 metres per segon, tot i que pot variar en funció
de la temperatura i la humitat, però la llum és molt més ràpida.
Aquest desajustament de temps explica el tro i el llamp,
i em serveix també per calcular la distància que ens separa
ara que les teves paraules tenen un decalatge amb la veritat
del cos que ja no sento perquè, quan ve, ho fa tard.

LA NORMA QUE CONFIRMA L'EXCEPCIÓ

T'estimo i tant de bo pogués odiar-te.
Així potser de nou seria possible
un impossible: recomençar altre cop
sabent que sense tu cap camí em crida
a l'aventura d'un cos que desconec,
perquè el mapa del desig és als teus ulls
i a la plaça dels teus braços hi ha la font
que em sap calmar les pors amb la tendresa
d'un amor que crèiem infinit i que, com tots,
s'acaba.

PRECIPICI

Perquè als teus ulls em trobo
cosida pel desig que estima el dubte,
teixeixo sense fils el neguit de no ser jo
qui mira per mi aquell demà possible
que amb el peatge dels anys acomodats
en tu no té el valor d'improvisar-me.
El nostre paradís és alhora una amenaça:
plores i la llàgrima s'enduu inquietuds
però em tiba al precipici. I caic, galtes avall.

INFINITIUS

Oblidar els gestos, aquell somriure,
plurals caducs. La llum amaina.

Desdibuixar els records, tot rastre,
fondre els sospirs. L'última nit.

Omplir el clots, l'olor de sexe,
boques obertes. Llavis que couen.

Traçar l'adéu, baluards en vers,
el cel obert. Els dits a dins.

I en acabat, altra vegada,
desvestir-me de tu, apostrofar-te.

L'ADÉU

A la Clara

Un adéu definitiu, irremeiable,
sense temps per al comiat, sense a reveure,
amb massa olor de llençols nets, massa silenci,
mancat de l'abraçada, mancat de tu,
sobrat de passadissos d'olor d'asèpsia mèdica
allà a la Vall d'Hebron, on ja no es pot tornar.

I han passat els anys, i tot sembla un instant:
aquells ulls vius tots verds on s'ha plegat el temps
i els dits entrecreuats tan freds rere el cristall
assegurant que mai ja no vindràs a festejar
com s'empenyen els dies, les hores sense tu,
a la teva ciutat, on ja no es pot tornar.

PISTES

Sempre s'estima igual però diferent, em deies.
I ara entre el cafè i jo provem d'endevinar
si ens condemnava allò que era igual
o bé la diferència és la culpable.
L'amargor com una pista em porta a tu,
que ets a la cuina i amb la cullera dissols
el sucre que ja no em despertarà.
Del teu gest no es desprèn una resposta,
tan sols l'indici d'una pèrdua. Fixa't:
Jo no tinc ales perquè els omòplats
tornen a ser omòplats si tu no els mires.
I tu que no tens esma per volar.
De tan a prop del terra, ja no caurem.
I estimar és caure.

CUS EL VERS

Ens ho recorden les dues últimes seccions del llibre: una costura és una sèrie de punts que uneix dues peces, siguin de roba, siguin de carn. Tant en un cas com en l'altre, la intenció és que passi desapercebuda, confosa entre les teles de la invisibilitat. En tenim bons exemples, des del món de la llenceria, que anuncia a bombo i platerets articles *sense costures*, fins al món de l'imaginari, que ha encarnat el prototip de la monstruositat en un Frankenstein travessat de dalt a baix per puntades maldestres. Vulguis que no, ens han convençut que tota forma d'imperfecció és menyspreable i, com a tal, objecte de necessària ocultació. Esborrem-nos, dissimulem-nos.

Però la Mireia Calafell, com a bona alumna rebel d'aquesta «escola de nenes» amb què s'obre el llibre, sap que és precisament en els plecs, en les rebaves i en els intersticis que no acaben d'encaixar on més fort batega el pols de l'existència que tan delerosament busquem amb el dit índex. I perquè ho sap, no només s'absté de girar la vida del revés amb la intenció d'amagarne les costures, com faria amb un mitjó, sinó que les mostra en el primer pla d'un títol summament suggerent, convidant-nos a resseguir-les amb les múltiples formes del tacte. «L'enyor que has anat deixant a les costures»: tot sedimenta en aquests relleus (im)perceptibles amb què ens marca la vida, aquesta infatigable sargidora de teixits i textos.

Des del fons de cada poema, una dona solitària i clarivident ens parla de la fragmentació, com si tot plegat fos un escampall de pedaços desaparionats, desencaixats, intercanviables («tant tu com jo podríem ser uns altres»), balders i esllenegats («parlo dels dies en què em venia gran el cos»). Com veiem, la disgregació s'aplica tant al món com al cos... Fet i fet, dos miralls acarats, tan estrany l'un com l'altre: aquesta ciutat travessada per ascensors, trens i autobusos –d'altres cicatrius que maseguen sense pietat la carn urbana– en res no es diferencia d'aquest cos igualment travessat de paraules, de desitjos, de dolors (cadascun dels quals, per cert, reclama una pastilla pròpia i el diagnòstic d'un especialista diferent).

Queda clausurat «un món / amb plantejament, nus i desenllaç / com aquelles redaccions que escrivíem a escola». L'ordre totalitzador –si és que mai ha existit– pertany a un temps mític i, per tant, dolçament irrecuperable. L'any 1992, en una cançó titulada *Anthem*, Leonard Cohen ens recordava que «pots sumar les parts / però no obtindràs el tot» (*You can add up the parts / but you won't have the sum*). I ja que no hi ha volta de full, per què no seguir posant pegats, cosint paraules, mirades i desitjos, amb la fascinació febril d'allò que no té remei? Senzill no ho serà, perquè cosim a l'aire, sense patró: s'ha esborrat aquell dibuix fet a guix sobre la tela, la silueta blanquinosa que ens guiava la mà a l'hora de cosir, a l'hora d'escriure. I ara ens cal endevinar signes mig ocults i aprendre a llegir la paraula que l'aigua ja s'ha endut, com escriu la Mireia en un apunt bellíssim de poètica: «i entenc llavors que escriure és descobrir / quines són les paraules que esborra la marea / en arribar a la sorra, tan acuradament.»

Per molt que coneguem el final del conte, les nostres mans seguiran fent giravoltar la filosa embruixada de la paraula, amb idèntic deler, malgrat el risc de punxar-nos amb l'agulla del vers que cus. Perquè aquesta punxada no desencadena un son de cent anys i un dia, sinó una lucidesa insomne que ens fa mirar, resseguir, aprendre la lliçó entretancada de les costures.

GEMMA GORGA

ENDRECES

«Lasciate ogni speranza» a Sònia Obiol, la meva mare.

«Sense» a la meva germana Núria.

«Ràfeguesa» a Jordi Calafell, el meu pare.

«Rodalies» a Carlos Obiol i Montse Deulofeu.

«Cançó de bressol» a Èric i Marc Calafell Costa, Laia Wang Planas, Martín C. Cárdenas, Marcos i Pablo Herrera Martín.

«Si tot va bé» a Ione Hermosa, Helena Simón, Aina Roig, Gemma Torres, Cristina Real, Laia Balcells, Núria Escofet, Ivette Planas, Anna Palacios, Mònica Martín, Elna Roig, Anna Borràs i Clara Marsan.

«L'horitzó» als meus germans Jordi i Carles, i a Anna Grau i Irene Costa.

«Quiromància» a Màrius Sampere.

«Retornar» a Sebastià Puiggrós, Elka Mocker, Eduard Hervás i Alberto Ojeda.

«El temps de les cireres» a Iker Zapirain, Federico Visalli, Bernat Aviñoa, Edoardo Bazzaco, Wang Cheng i David Herrera.

«Dansa dels dits» a Noemí Acedo.

«Diumenge» a Montse G. Juárez de *Cuaderno de poesía*.

«Interpreta'm» a Manuel Forcano, Sebastià Alzamora, Margalida Pons, Pau Vadell, Nora Almada i Marta Font.

«Coixí» a Begonya Sáez.

«Mal de mar» a Juan A. López, Paola R. Pérez, Ana Y. Ríos i Raúl Rivas.

«Física» a Gemma Gorga.

«Pistes» (però no només) a Meri Torras, per les hores teixides al voltant de les costures.

Els poemes «Transvasament» i «L'ombra» van ser publicats originalment al poemari *Àlbum*.

STAUB
LA COCOTTE
STAUB
STAUB

Mango une marque de Fleurus Éditions
www.fleuruseditions.com

Jean-Luc Sady

Craquez pour les desserts en cocotte !

30 délicieuses recettes sous un couvercle

Photos : Julie Méchali
Réalisation et stylisme : Isabelle Guerre

MANGO

Sommaire

4

Cocottes de polenta au citron, figues et framboises

Préparation
20 minutes

Cuisson
10 minutes

Ingrédients pour 6 cocottes
100 g de polenta
350 g de figues fraîches
350 g de framboises
Le zeste râpé de 2 citrons
10 cl de crème liquide
20 g de beurre
50 cl de lait
40 g de sucre semoule
40 g de cassonade

/ Préchauffez le four à 180 °C (th. 6).

/ Mixez finement les framboises avec la cassonade. Mélangez cette purée avec les figues coupées en fins quartiers. Réservez.

/ Portez le lait à ébullition dans une casserole. Versez la polenta en pluie fine et laissez cuire 2 minutes à feu doux sans cesser de remuer.

/ Hors du feu, ajoutez le beurre, la crème liquide, le sucre et le zeste de citron. Fouettez vivement pour obtenir un mélange homogène.

/ Répartissez la préparation dans les cocottes. Déposez-les dans un plat au bain-marie sans couvrir. Enfournez et laissez cuire 10 minutes.

/ Au sortir du four, recouvrez la polenta de figues à la framboise et servez aussitôt.

Cocottes chocolat-poire

Préparation
25 minutes
+ 1 heure de refroidissement

Cuisson
5 minutes

Ingrédients pour 6 cocottes
3 poires
250 g de chocolat noir à 72 %
1 gousse de vanille
25 cl de crème liquide
20 g de beurre

/ Portez la crème liquide à ébullition dans une casserole. Hors du feu, ajoutez le chocolat cassé en morceaux et remuez à l'aide d'une spatule afin d'obtenir un mélange homogène.

/ Versez la ganache dans les cocottes et laissez refroidir pendant 1 heure.

/ Épluchez et épépinez les poires ; coupez-les en quartiers.

/ Dans une poêle chaude, faites fondre le beurre puis ajoutez les poires et la gousse de vanille fendue dans la longueur avec ses graines (grattées à l'aide de la pointe d'un couteau). Faites cuire 3 minutes à feu doux. Laissez refroidir.

/ Répartissez les quartiers de poire à la vanille sur la ganache au chocolat. Passez au micro-ondes, puissance maximale, pendant 45 secondes sans couvrir. Servez aussitôt.

Cocottes de gaufres au café

Préparation
15 minutes

Cuisson
30 minutes

Ingrédients pour 6 cocottes
6 gaufres liégeoises
2 cuillerées à soupe de café soluble
6 jaunes d'œufs
45 cl de lait
60 g de sucre semoule

/ Préchauffez le four à 150 °C (th. 5).
/ À l'aide d'un fouet, battez les jaunes d'œufs avec le sucre jusqu'à ce que le mélange blanchisse.
/ Portez le lait à ébullition dans une casserole. Hors du feu, ajoutez le café soluble en fouettant vivement. Versez le tout sur les jaunes d'œufs en mélangeant soigneusement.
/ Placez 1 gaufre dans le fond de chaque cocotte puis recouvrez de crème au café.
/ Déposez les cocottes dans un plat au bain-marie sans couvrir. Enfournez et faites cuire 30 minutes.
/ Laissez tiédir quelques minutes avant de déguster.

10

Cocottes de flan de tofu à la mangue

Préparation
20 minutes
+ 1 heure au réfrigérateur

Cuisson
35 minutes

Ingrédients pour 6 cocottes
2 mangues
240 g de tofu ferme
3 œufs
30 cl de lait de soja
80 g de sucre semoule

/ Préchauffez le four à 150 °C (th. 5).
/ Mettez le tofu dans le bol d'un robot. Ajoutez les œufs, le lait de soja et le sucre puis mixez finement le tout. Réservez au frais.
/ Épluchez les mangues et débitez chacune en 6 larges quartiers.
/ Répartissez les quartiers de mangue dans le fond des cocottes. Versez la préparation au tofu par-dessus.
/ Déposez les cocottes dans un plat au bain-marie sans couvrir. Enfournez et faites cuire 35 minutes.
/ Laissez refroidir puis réservez 1 heure au réfrigérateur.

Cocottes de biscuit au raisin et champagne

Préparation
15 minutes

Cuisson
15 minutes

Ingrédients pour 6 cocottes
400 g de raisin blanc gros grains
5 cl de champagne brut
35 g de farine
1 œuf
35 g de sucre semoule
Sucre glace pour le décor

/ Préchauffez le four à 180 °C (th. 6).
/ Dans un saladier placé au bain-marie, déposez l'œuf et le sucre. Versez le champagne et fouettez sans vous arrêter jusqu'à ce que le mélange ait triplé de volume.
/ Retirez le saladier du bain-marie et continuez de fouetter pendant 5 minutes. Incorporez délicatement la farine en pluie fine.
/ Répartissez le biscuit au champagne dans les cocottes puis disposez par-dessus les grains de raisin.
/ Déposez les cocottes dans un plat au bain-marie sans couvrir. Enfournez et laissez cuire 15 minutes.
/ Saupoudrez de sucre glace et servez aussitôt.

Bon à savoir !
Surtout, ne gâchez pas le reste de champagne ! Il accompagnera parfaitement ce dessert !

Cocottes banane-pain d'épices

Préparation
25 minutes

Cuisson
10 minutes

Ingrédients pour 6 cocottes
12 tranches de pain d'épices
6 bananes
1 cuillerée à café de cannelle en poudre
60 cl de jus d'orange
30 g de beurre

/ Préchauffez le four à 180 °C (th. 6).
/ Pelez les bananes et coupez-les en rondelles de 1 cm d'épaisseur.
/ Faites fondre le beurre dans une poêle chaude, puis ajoutez les rondelles de banane. Laissez-les dorer de chaque côté pendant 1 minute environ. Retirez du feu et réservez.
/ Dans chaque tranche de pain d'épices, découpez 1 tranche de la dimension de la cocotte. Placez-en 1 dans le fond de chaque cocotte.
/ Réservez 10 cl de jus d'orange. Répartissez le reste sur le pain d'épices de façon à bien l'imbiber.
/ Recouvrez le pain d'épices de rondelles de banane. Saupoudrez de cannelle puis déposez une seconde tranche de pain d'épices. Terminez par une couche de bananes.
/ Déposez les cocottes dans un plat au bain-marie sans couvrir. Enfournez et laissez cuire 10 minutes.
/ Nappez les cocottes avec le jus d'orange réservé et servez aussitôt.

16

Cocottes du mendiant au nougat

Préparation
15 minutes

Cuisson
15 minutes

Ingrédients pour 6 cocottes
1 pomme
500 g de nougat blanc
100 g d'abricots secs
100 g de pruneaux
100 g de raisins secs
100 g de figues sèches
Le zeste râpé de 1 orange
Le zeste râpé de 1 citron
25 cl de lait de coco

/ Préchauffez le four à 180 °C (th. 6).
/ Épluchez et épépinez la pomme. Coupez-la en quartiers puis en cubes.
/ Versez le lait de coco dans une casserole. Ajoutez le nougat et faites chauffer à feu doux en remuant jusqu'à ce qu'il soit fondu.
/ Versez la préparation au nougat dans un saladier. Ajoutez les fruits secs coupés en bâtonnets, les cubes de pomme et les zestes d'agrumes. Mélangez soigneusement.
/ Répartissez la préparation dans les cocottes. Déposez-les dans un plat au bain-marie, couvrez. Enfournez et laissez cuire 15 minutes. Servez aussitôt.

Cocottes de clafoutis citron-kiwi

Préparation
15 minutes

Cuisson
30 minutes

Ingrédients pour 6 cocottes
6 kiwis
Le zeste râpé de 1 citron
60 g de farine
3 œufs
36 cl de crème liquide
90 g de sucre semoule

/ Préchauffez le four à 170 °C (th. 5-6).

/ Dans un saladier, battez les œufs avec le sucre et le zeste de citron jusqu'à ce que le mélange blanchisse. Ajoutez la farine en pluie en fouettant vivement afin d'éviter les grumeaux. Versez progressivement la crème liquide en continuant de fouetter.

/ Épluchez les kiwis et coupez-les en fins quartiers. Répartissez-les dans le fond des cocottes puis recouvrez de pâte à clafoutis.

/ Déposez les cocottes dans un plat au bain-marie sans couvrir. Enfournez et laissez cuire 30 minutes environ.

/ Servez les clafoutis tièdes ou froids.

Cocottes de riz au lait à l'orange

Préparation
30 minutes
+ 1 heure au réfrigérateur
+ 24 heures pour les oranges

Cuisson
35 minutes

Ingrédients pour 6 cocottes
3 oranges
120 g de riz rond arborio
3 œufs
1 gousse de vanille
50 cl de jus d'orange
40 cl de lait
35 cl de lait de coco
30 g de beurre
260 g de sucre semoule

/ La veille, versez le jus d'orange et 200 g de sucre dans une casserole. Portez à ébullition puis faites réduire à feu doux pendant 15 minutes environ de façon à obtenir un jus légèrement sirupeux.

/ Pelez les oranges à vif et prélevez les suprêmes dans un saladier. Versez le jus d'orange réduit par-dessus. Réservez 24 heures au réfrigérateur.

/ Le jour même, séparez les blancs d'œufs des jaunes.

/ Dans une casserole, portez à ébullition le lait et le lait de coco avec la gousse de vanille fendue dans la longueur et ses graines (grattées avec la pointe d'un couteau). Ajoutez le riz et laissez cuire à petits frémissements 20 minutes environ en remuant, jusqu'à ce que le liquide ait été absorbé. Hors du feu, ôtez la gousse de vanille, puis ajoutez le beurre, le reste de sucre et les jaunes d'œufs en fouettant vivement.

/ Montez les blancs en neige ferme puis incorporez-les délicatement au riz au lait.

/ Répartissez la préparation dans les cocottes. Réservez 1 heure au frais.

/ Au moment de servir, disposez les suprêmes d'orange sur le riz au lait et nappez de jus.

Cocottes aux pommes et cookies

Préparation
15 minutes

Cuisson
20 minutes

Ingrédients pour 6 cocottes
7 pommes golden
6 cookies
16 cl de jus d'orange
40 g de beurre
230 g de sucre semoule

/ Épluchez et épépinez 4 pommes. Coupez-les en quartiers puis en morceaux.

/ Dans une casserole, portez à ébullition 5 cl d'eau avec 200 g de sucre puis laissez cuire à feu doux jusqu'à l'obtention d'un caramel blond. Déglacez avec le jus d'orange en remuant.

/ Ajoutez les morceaux de pomme et faites compoter 6 minutes à feu doux.

/ Mixez finement les pommes caramélisées et laissez refroidir.

/ Pelez et épépinez les pommes restantes. Coupez-les en 12 quartiers.

/ Faites fondre le beurre dans une poêle, puis ajoutez le reste de sucre et les quartiers de pomme. Faites-les colorer 3 à 4 minutes à feu assez vif jusqu'à ce qu'ils soient tendres.

/ Émiettez grossièrement 1 cookie dans le fond de chaque cocotte. Recouvrez de compote et déposez 2 quartiers de pomme caramélisés. Servez aussitôt.

Cocottes de crème brûlée à l'ananas

Préparation
15 minutes
+ 2 heures au réfrigérateur

Cuisson
40 minutes

Ingrédients pour 6 cocottes
600 g de chair d'ananas
6 jaunes d'œufs
100 g de sucre semoule
3 cuillerées à soupe de cassonade

/ Préchauffez le four à 150 °C (th. 5).

/ Découpez la chair d'ananas en cubes et mettez-la dans le bol d'un robot. Ajoutez les jaunes d'œufs et le sucre semoule puis mixez finement jusqu'à l'obtention d'une consistance crémeuse.

/ Répartissez la préparation à l'ananas dans les cocottes. Déposez-les dans un plat au bain-marie, sans couvrir. Enfournez et laissez cuire 40 minutes.

/ Laissez refroidir puis réservez 2 heures au réfrigérateur.

/ Au moment de servir, saupoudrez les crèmes de cassonade et caramélisez au chalumeau.

Cocottes de crémeux au chocolat blanc et litchis

Préparation
20 minutes
+ 1 heure au réfrigérateur

Cuisson
30 minutes

Ingrédients pour 6 cocottes
200 g de chocolat blanc
18 litchis
100 g de confiture de roses
6 jaunes d'œufs
42 cl de crème liquide
30 cl de lait de coco
1 cuillerée à soupe de miel

/ Préchauffez le four à 160 °C (th. 5-6).
/ Dans une casserole, portez à ébullition la crème avec le lait de coco et le miel.
/ Hors du feu, ajoutez le chocolat cassé en morceaux en remuant jusqu'à ce qu'il soit totalement fondu. Incorporez les jaunes d'œufs en fouettant vivement pour obtenir un mélange onctueux.
/ Répartissez la préparation dans les cocottes. Déposez-les dans un plat au bain-marie, couvrez. Enfournez et faites cuire 30 minutes. Laissez refroidir et réservez 1 heure au frais.
/ Épluchez et dénoyautez les litchis.
/ Juste avant de servir, faites chauffer doucement dans une casserole la confiture de roses avec 2 cuillerées à soupe d'eau. Ajoutez les litchis et enrobez-les bien de confiture.
/ Déposez sur chaque crémeux 3 litchis tièdes.

Bon à savoir !
Vous pouvez saupoudrer ces crémeux de graines de sésame doré.

Cocottes de meringue à la framboise, cœur cassis

Préparation
20 minutes

Cuisson
15 minutes

Ingrédients pour 6 cocottes
450 g de framboises
300 g de cassis
6 blancs d'œufs
20 g de beurre ramolli
150 g de sucre semoule
90 g de cassonade

/ Préchauffez le four à 150 °C (th. 5).

/ Dans une casserole, portez 20 cl d'eau à ébullition avec le cassis et la cassonade, puis faites cuire 2 minutes à feu doux.

/ Mixez la préparation au cassis pour obtenir un fin coulis et réservez.

/ Mixez finement les framboises avec 100 g de sucre.

/ Montez les blancs en neige ferme en incorporant progressivement le reste de sucre. Mélangez-les délicatement à la purée de framboises.

/ Badigeonnez les cocottes de beurre ramolli à l'aide d'un pinceau. Répartissez la meringue à la framboise dans les cocottes. Déposez-les dans un plat au bain-marie sans couvrir. Enfournez et faites cuire 15 minutes environ.

/ Laissez tiédir. À l'aide d'une cuillère, creusez une cavité demi-sphérique au milieu de la meringue puis remplissez-la de coulis de cassis. Servez aussitôt.

STAUB

Cocottes de panettone perdu aux figues

Préparation
20 minutes

Cuisson
15 minutes

Ingrédients pour 6 cocottes
1 panettone
6 figues violettes
3 cuillerées à soupe de confiture de framboises
3 jaunes d'œufs
45 cl de lait
50 g de sucre semoule

/ Préchauffez le four à 180 °C (th. 6).

/ Dans un saladier, battez les jaunes d'œufs et le sucre à l'aide d'un fouet jusqu'à ce que le mélange blanchisse. Incorporez le lait en fouettant vivement.

/ Dans le panettone, découpez 6 disques de 2 cm d'épaisseur du diamètre de la cocotte. Placez 1 disque dans le fond de chaque cocotte puis versez la préparation aux œufs par-dessus. Laissez les biscuits s'imbiber quelques minutes.

/ Ôtez le pédoncule des figues et coupez-les en tranches horizontalement.

/ Recouvrez le dessus des cocottes de figues et nappez de confiture de framboises.

/ Déposez les cocottes dans un plat au bain-marie, couvrez. Enfournez et laissez cuire 15 minutes environ. Servez aussitôt.

Cocottes de macaron noix de coco-cassis

Préparation
25 minutes

Cuisson
12 minutes

Ingrédients pour 6 cocottes
60 g de noix de coco râpée
600 g de cassis frais ou surgelés
25 g de poudre d'amandes
3 blancs d'œufs
30 g de sucre semoule
90 g de sucre glace
100 g de sucre à confiture

/ Préchauffez le four à 170 °C (th. 5-6).
/ Dans une casserole, portez à ébullition les cassis et le sucre à confiture, puis faites cuire 5 minutes à feu doux en remuant. Laissez refroidir.
/ Dans un saladier, mélangez la poudre d'amandes, la noix de coco et le sucre glace.
/ Montez les blancs en neige ferme en incorporant progressivement le sucre semoule. Mélangez-les délicatement à la préparation précédente.
/ Répartissez la marmelade de cassis dans les cocottes. À l'aide d'une poche à douille, recouvrez de macaron noix de coco.
/ Enfournez les cocottes et faites cuire 12 minutes.
/ Laissez tiédir avant de servir.

Bon à savoir !
Saupoudrez légèrement ces cocottes de cacao en poudre.
Vous pouvez remplacer les cassis par 600 g de myrtilles.

Cocottes Milk'abricot

Préparation
20 minutes
+ 1 heure au réfrigérateur

Cuisson
30 minutes

Ingrédients pour 6 cocottes
175 g de chocolat au lait Milka®
650 g d'abricots mûrs dénoyautés
5 jaunes d'œufs
100 g de sucre semoule

/ Préchauffez le four à 150 °C (th. 5).
/ Mixez finement les abricots avec le sucre.
/ Versez la purée d'abricots dans une casserole et ajoutez le chocolat cassé en morceaux. Faites chauffer à feu doux en remuant jusqu'à ce que le chocolat soit complètement fondu.
/ Hors du feu, ajoutez les jaunes d'œufs en fouettant vivement afin d'obtenir un mélange homogène.
/ Répartissez la préparation dans les cocottes. Déposez-les dans un plat au bain-marie sans couvrir. Enfournez et laissez cuire 30 minutes.
/ Réservez 1 heure au réfrigérateur avant de servir.

Cocottes d'omelette soufflée marrons-pain d'épices

Préparation
25 minutes

Cuisson
6 minutes

Ingrédients pour 6 cocottes
200 g de crème de marrons
6 tranches de pain d'épices
3 œufs
20 cl de jus d'orange
20 g de beurre ramolli
60 g de sucre semoule
Sucre glace pour le décor

/ Préchauffez le four à 180 °C (th. 6).
/ Badigeonnez les cocottes de beurre ramolli à l'aide d'un pinceau.
/ Dans chaque tranche de pain d'épices, découpez 1 disque de la dimension de la cocotte. Placez-le dans le fond des cocottes et versez un peu de jus d'orange par-dessus pour bien l'imbiber. Déposez environ 30 g de crème de marrons au centre du pain d'épices en vous arrêtant à 1 cm du bord.
/ Séparez les blancs d'œufs des jaunes. Dans un saladier, fouettez vivement les jaunes avec 30 g de sucre jusqu'à ce que le mélange blanchisse.
/ Montez les blancs en neige ferme en incorporant progressivement le reste de sucre. Mélangez-les délicatement aux jaunes.
/ Recouvrez la crème de marrons d'appareil à soufflé. Enfournez les cocottes et faites cuire 6 minutes.
/ Saupoudrez les cocottes de sucre glace et servez aussitôt.

Cocottes de pêches au miel et safran

Préparation
25 minutes

Cuisson
10 minutes

Ingrédients pour 6 cocottes
12 pêches jaunes de taille moyenne
10 cl de jus d'ananas
2 capsules (ou 2 pincées) de safran en poudre
60 g de miel de lavande

/ Préchauffez le four à 180 °C (th. 6).

/ Pelez et dénoyautez 6 pêches ; coupez-les en gros cubes.

/ Dans une casserole, portez à ébullition le jus d'ananas et le miel. Ajoutez les morceaux de pêche et faites cuire 4 minutes à feu doux.

/ Versez le contenu de la casserole dans le bol d'un blender. Ajoutez le safran et mixez en un fin coulis. Laissez refroidir.

/ Pelez et dénoyautez les pêches restantes. Découpez chacune en 6 quartiers. Mélangez-les soigneusement au coulis de pêches.

/ Répartissez les pêches et le coulis dans les cocottes. Déposez-les dans un plat au bain-marie, couvrez. Enfournez et laissez cuire 10 minutes. Servez aussitôt.

STAUB
STAUB
COCOTTE

Cocottes de pain au lait aux myrtilles

Préparation
25 minutes

Cuisson
15 minutes

Ingrédients pour 6 cocottes
150 g de petits pains au lait
600 g de myrtilles
3 œufs
1 cuillerée à café de cannelle en poudre
22 cl de lait
20 g de beurre ramolli
70 g de sucre semoule
60 g de cassonade

/ Préchauffez le four à 180 °C (th. 6).

/ Dans une casserole, portez à ébullition les myrtilles et la cassonade, puis faites cuire 4 minutes à feu doux. Laissez refroidir.

/ Faites chauffer le lait jusqu'au point d'ébullition.

/ Émiettez grossièrement les petits pains dans un saladier. Versez le lait bouillant par-dessus et laissez-les s'imbiber pendant 5 minutes.

/ Séparez les blancs d'œufs des jaunes.

/ Ajoutez le sucre, la cannelle et les jaunes dans le saladier et mélangez bien.

/ Montez les blancs en neige ferme puis incorporez-les délicatement au mélange précédent.

/ Badigeonnez les cocottes de beurre à l'aide d'un pinceau puis répartissez la préparation.

/ Déposez les cocottes dans un plat au bain-marie sans couvrir. Enfournez et laissez cuire 15 minutes.

/ Laissez tiédir puis recouvrez de marmelade de myrtilles. Servez aussitôt.

Cocottes soufflées pavot-cerise

Préparation
20 minutes

Cuisson
30 minutes

Ingrédients pour 6 cocottes
360 g de fromage de chèvre frais (type Petit Billy®)
60 g de graines de pavot
6 cuillerées à soupe de confiture de cerises ou griottes
50 g de farine
6 œufs
10 g de beurre fondu
200 g de sucre semoule
Sucre glace pour le décor

/ Préchauffez le four à 160 °C (th. 5-6).

/ Séparez les blancs d'œufs des jaunes.

/ Dans un saladier, fouettez les jaunes avec 140 g de sucre et le fromage frais. Ajoutez les graines de pavot et la farine. Mélangez soigneusement le tout.

/ Montez les blancs en neige ferme et incorporez-les délicatement à la préparation précédente.

/ Badigeonnez les cocottes de beurre à l'aide d'un pinceau. Saupoudrez le fond et la paroi du reste de sucre.

/ Étalez 1 cuillerée à soupe de confiture dans le fond de chaque cocotte puis recouvrez d'appareil à soufflé.

/ Enfournez les cocottes et faites cuire 30 minutes.

/ Saupoudrez de sucre glace et servez aussitôt.

Cocottes de crêpe abricot-noix de coco

Préparation
30 minutes

Cuisson
10 minutes

Ingrédients pour 6 cocottes
6 crêpes bretonnes
350 g d'abricots
30 g de noix de coco râpée
20 g de raisins secs au rhum
8 g de farine
1 jaune d'œuf
10 cl de lait de coco
70 g de sucre semoule
Sucre glace pour le décor

/ Faites chauffer le lait de coco jusqu'au point d'ébullition.
/ Dans un saladier, battez le jaune d'œuf avec 30 g de sucre jusqu'à ce que le mélange blanchisse. Ajoutez la farine en pluie en fouettant vivement. Versez le lait de coco bouillant par-dessus en continuant de fouetter.
/ Transvasez le tout dans une casserole et portez à ébullition. Hors du feu, incorporez la noix de coco et les raisins secs. Laissez refroidir puis réservez au frais.
/ Préchauffez le four à 180 °C (th. 6).
/ Dénoyautez les abricots et mettez-les dans une casserole avec 5 cl d'eau et le reste de sucre. Portez à ébullition puis laissez cuire 4 minutes à feu doux.
/ Mixez les abricots en un fin coulis.
/ Coupez les crêpes en deux. En haut de chaque demi-crêpe, déposez 1 quenelle de crème de coco. Repliez les côtés vers l'intérieur et roulez la crêpe comme un nem en la serrant.
/ Répartissez le coulis d'abricots dans le fond des cocottes et placez 2 demi-crêpes par-dessus.
/ Enfournez les cocottes et faites cuire 10 minutes.
/ Saupoudrez de sucre glace et servez aussitôt.

Cocottes meringuées mangue-carotte

Préparation
20 minutes

Cuisson
20 minutes

Ingrédients pour 6 cocottes
500 g de chair de mangue
250 g de carottes
3 blancs d'œufs
2 gousses de vanille
20 cl de jus d'orange
190 g de sucre semoule

/ Épluchez les carottes et coupez-les en cubes. Faites-les cuire dans une casserole d'eau bouillante pendant 8 minutes. Égouttez.

/ Dans une casserole, déposez les carottes. Ajoutez la chair de mangue coupée en morceaux, 100 g de sucre, les gousses de vanille fendues dans la longueur avec leurs graines (grattées à l'aide de la pointe d'un couteau) et le jus d'orange. Portez à ébullition et faites cuire 6 minutes à feu doux en remuant.

/ Ôtez les gousses de vanille et mixez le tout. Laissez refroidir.

/ Montez les blancs en neige ferme en incorporant progressivement le reste de sucre.

/ Répartissez la crème mangue-carotte dans les cocottes. À l'aide d'une poche à douille, recouvrez le dessus de meringue.

/ Placez les cocottes sous le gril du four et faites légèrement colorer. Servez aussitôt.

Cocottes de fondue au chocolat aux épices

Préparation
15 minutes (la fondue),
30 minutes (les mignardises)

Ingrédients pour 6 cocottes
500 g de chocolat noir à 70 %
5 g de cannelle en poudre
5 g d'épices à pain d'épices
50 cl de jus d'orange
100 g de beurre

Pour les mignardises à tremper
3 poires épluchées et coupées en cubes
1 mangue épluchée et coupée en fins quartiers
18 marrons entiers, cuits au naturel
12 figues sèches
18 abricots secs
24 quartiers d'orange
6 spéculos
6 macarons
12 mini-petits-beurre
6 mouillettes de pain d'épices

/ Versez le jus d'orange dans une casserole. Incorporez le beurre coupé en petits morceaux et portez à ébullition. Réduisez le feu, ajoutez le chocolat cassé en morceaux et portez progressivement à ébullition à feu doux, en remuant sans cesse.

/ Hors du feu, ajoutez les épices en mélangeant soigneusement. Laissez légèrement tiédir.

/ Répartissez la préparation dans les cocottes : la fondue est prête à être dégustée.

Bon à savoir !
La fondue peut être préparée à l'avance et réservée au réfrigérateur. Vous la réchaufferez au micro-ondes 1 minute à puissance maximale au moment de servir.

staub
staub

Cocottes de rösti de pommes à l'amande

Préparation
20 minutes

Cuisson
20 minutes

Ingrédients pour 6 cocottes
2 pommes
100 g de poudre d'amandes
2 œufs
Le zeste râpé de 1 orange
1 cuillerée à soupe de rhum
100 g de beurre ramolli
100 g de sucre semoule
Sucre glace pour le décor

/ Préchauffez le four à 180 °C (th. 6).

/ Dans un saladier, mélangez le beurre ramolli avec le sucre afin d'obtenir une pâte crémeuse. Ajoutez les œufs et le zeste d'orange en fouettant vivement. Incorporez soigneusement la poudre d'amandes et le rhum.

/ Épluchez et épépinez les pommes. Coupez-les en quartiers puis râpez-les à la grosse grille.

/ Mélangez la pomme râpée à la crème d'amandes. Répartissez la préparation dans les cocottes.

/ Enfournez les cocottes et faites cuire 20 minutes environ.

/ Laissez tiédir puis saupoudrez de sucre glace. Servez aussitôt.

Cocottes de gratin aux prunes

Préparation
20 minutes

Cuisson
15 minutes

Ingrédients pour 6 cocottes
250 g de prunes (mirabelles, quetsches ou reines-claudes)
25 g de farine
2 œufs
400 g de fromage blanc à 20 %
80 g de sucre semoule
Sucre glace pour le décor

/ Préchauffez le four à 200 °C (th. 6-7).
/ Séparez les blancs d'œufs des jaunes.
/ Dans un saladier, mélangez le fromage blanc avec le sucre semoule et les jaunes d'œufs. Ajoutez la farine en pluie en fouettant vivement afin d'éviter les grumeaux.
/ Montez les blancs en neige ferme puis incorporez-les délicatement à la préparation précédente.
/ Dénoyautez les prunes et répartissez-les dans le fond des cocottes. Recouvrez de crème au fromage blanc.
/ Enfournez les cocottes et faites cuire 15 minutes environ (la pointe d'un couteau enfoncée dans le gratin doit en ressortir sèche).
/ Saupoudrez de sucre glace et servez aussitôt.

LA COCOTTE

Cocottes de chaud-froid de marrons et ananas

Préparation
30 minutes

Cuisson
25 minutes

Ingrédients pour 6 cocottes
230 g de crème de marrons
1 ananas d'environ 800 g
3 œufs
1 cuillerée à café de cannelle en poudre
2 gousses de vanille
1 cuillerée à soupe de rhum (facultatif)
120 g de beurre fondu
80 g de sucre à confiture
30 g de cassonade

/ Préchauffez le four à 170 °C (th. 5-6).

/ Dans un saladier, fouettez la crème de marrons avec les œufs et la cassonade. Ajoutez le beurre fondu, la cannelle et le rhum. Mélangez bien le tout.

/ Répartissez la préparation aux marrons dans les cocottes. Enfournez les cocottes et faites cuire 15 minutes. Laissez refroidir.

/ Épluchez l'ananas et ôtez le cœur. Coupez la chair en cubes et mettez-les dans une casserole. Ajoutez 5 cl d'eau, le sucre à confiture et les gousses de vanille fendues dans la longueur avec leurs graines (grattées à l'aide de la pointe d'un couteau). Laissez cuire 10 minutes à feu doux en remuant souvent.

/ Ôtez les gousses de vanille. Recouvrez la préparation aux marrons de marmelade d'ananas. Servez aussitôt.

Cocottes de gâteau aux dattes

Préparation
10 minutes
+ 30 minutes au réfrigérateur

Cuisson
30 minutes

Ingrédients pour 6 cocottes
300 g de dattes moelleuses dénoyautées
2 œufs
12 cl de café
10 cl de lait
30 g de cassonade

/ Préchauffez le four à 170 °C (th. 5-6).

/ Mettez les dattes dans le bol d'un robot. Ajoutez les œufs, le café, le lait et la cassonade. Mixez finement le tout afin d'obtenir une pâte lisse.

/ Répartissez la préparation aux dattes dans les cocottes. Laissez reposer au réfrigérateur pendant 30 minutes.

/ Déposez les cocottes dans un plat au bain-marie sans couvrir. Enfournez et laissez cuire 30 minutes environ.

/ Dégustez tiède ou froid.

Cocottes de moelleux au chocolat et tatin aux pommes

Préparation
30 minutes
+ 30 minutes au réfrigérateur

Cuisson
15 minutes

Ingrédients pour 6 cocottes
200 g de chocolat noir à 52 %
500 g de pommes
80 g de farine
5 œufs
280 g de beurre demi-sel
240 g de sucre semoule
120 g de cassonade
Sucre glace pour le décor

/ Pelez et épépinez les pommes. Coupez-les en quartiers puis en gros dés.

/ Dans une casserole, versez 8 cl d'eau et le sucre semoule. Faites cuire 3 à 4 minutes environ à feu doux jusqu'à l'obtention d'un caramel blond. Ajoutez 80 g de beurre coupé en petits morceaux et laissez fondre en remuant. Incorporez les dés de pomme et laissez cuire 6 minutes à feu doux en remuant souvent.

/ Mixez finement les pommes caramélisées. Répartissez cette purée dans les cocottes et réservez au frais.

/ Faites fondre le chocolat cassé en morceaux dans une casserole au bain-marie avec le reste de beurre.

/ Dans un saladier, fouettez les œufs et la cassonade puis incorporez délicatement la farine. Ajoutez le chocolat fondu et mélangez soigneusement. Réservez au frais pendant 30 minutes.

/ Préchauffez le four à 200 °C (th. 6-7).

/ Versez le biscuit chocolat sur le caramel tatin. Enfournez les cocottes et faites cuire 10 minutes environ.

/ Laissez légèrement tiédir puis saupoudrez de sucre glace. Servez aussitôt.

Cocottes de couscous abricot-melon

Préparation
30 minutes

Cuisson
15 minutes

Ingrédients pour 6 cocottes
150 g de semoule à couscous fine
220 g d'abricots
130 g de chair de melon
30 g de raisins secs
Le zeste râpé de 1 orange
2 cuillerées à soupe d'eau de fleur d'oranger
30 g de beurre ramolli
50 g de sucre semoule

/ Faites gonfler les raisins secs dans un bol d'eau tiède pendant 15 minutes.

/ Dans une casserole, portez à ébullition 20 cl d'eau avec le sucre. Hors du feu, ajoutez l'eau de fleur d'oranger.

/ Mettez la semoule dans un saladier et versez le sirop de sucre par-dessus. Laissez gonfler la graine pendant 5 minutes.

/ Préchauffez le four à 180 °C (th. 6).

/ Dénoyautez les abricots et coupez-les en quartiers. Taillez la chair de melon en gros cubes.

/ Égrenez la semoule avec une fourchette en incorporant peu à peu le beurre ramolli. Ajoutez les raisins secs égouttés, les abricots, le melon et le zeste d'orange. Mélangez bien le tout.

/ Répartissez la préparation sans la tasser dans les cocottes. Déposez-les dans un plat au bain-marie, couvrez. Enfournez et laissez cuire 15 minutes. Servez aussitôt.

Cocottes de pudding yaourt-ananas

Préparation
20 minutes

Cuisson
30 minutes

Ingrédients pour 6 cocottes
1 ananas de 700 g environ
220 g de palets bretons
3 œufs entiers + 3 jaunes
250 g de yaourt à 0 % (2 yaourts)
120 g de sucre semoule
Sucre glace pour le décor

/ Préchauffez le four à 180 °C (th. 6).

/ Épluchez l'ananas, coupez-le en quartiers et éliminez le cœur. Détaillez la chair en cubes.

/ Versez les yaourts dans le bol d'un blender. Ajoutez le sucre, les œufs entiers, les jaunes et les palets bretons brisés en menus morceaux. Mixez le tout de façon à obtenir une pâte.

/ Répartissez les cubes d'ananas dans le fond des cocottes puis recouvrez de pâte à pudding.

/ Déposez les cocottes dans un plat au bain-marie sans couvrir. Enfournez et faites cuire 30 minutes.

/ Laissez tiédir puis saupoudrez de sucre glace.

Remerciements

Isabelle Guerre remercie chaleureusement la société Staub,
ainsi que Le Creuset et Émile Henry pour le prêt des mini-cocottes
sans oublier les peintures Ressource pour leurs jolies couleurs.

p. 5 : cocotte Staub, peinture Ressource
p. 7 : tissu Linum
p. 9 ; 25 ; 35 ; 55 : cocotte Émile Henry
p. 11 ; 17 ; 21 ; 23 ; 27 ; 31 ; 37 ; 61 : cocotte Le Creuset
p. 13 ; 19 ; 43 ; 49 ; 57 : cocotte Staub
p. 15 ; 33 : cocotte Staub, serviette Linum
p. 29 : cocotte Staub, serviette Linum, peinture Ressource
p. 41 : cocotte Le Creuset, peinture Ressource
p. 47 : cocotte Luminarc, peinture Ressource
p. 51 : cocotte Émile Henry, serviette Linum
p. 39 ; 45 ; 53 : cocotte Staub, peinture Ressource
p. 59 : cocottes Luminarc
p. 63 : cocotte Émile Henry, peinture Ressource

Shopping :

- STAUB
  www.staub.fr
- LE CREUSET
  www.lecreuset.fr
- ÉMILE HENRY
  www.emilehenry.com
- LUMINARC
  www.luminarc.fr
- PEINTURES RESSOURCE
  www.ressource-peintures.com
- LINUM
  www.linum.fr

Équivalences

MESURES LIQUIDES

SYSTÈME MÉTRIQUE	SYSTÈME AMÉRICAIN	AUTRE NOM
5 ml	1 cuillère à thé (cuillère à café française)	
15 ml	1 cuillère à table (cuillère à soupe française)	
35 ml	1/8 cup (tasse française)	1 oz (ou once)
65 ml	1/4 cup ou 1/4 grand verre	2 oz
125 ml	1/2 cup ou 1/2 grand verre	4 oz
250 ml	1 cup ou 1 grand verre	8 oz
500 ml	2 cups ou 1 pinte	
1 litre	4 cups ou 2 pintes	

MESURES SOLIDES

SYSTÈME MÉTRIQUE	SYSTÈME AMÉRICAIN	AUTRE NOM
30 g	1 oz	
55 g	1/8 lbs	2 oz
115 g	1/4 lbs	4 oz
170 g	3/8 lbs	6 oz
225 g	1/2 lbs	8 oz
454 g	1 livre	16 oz

CHALEUR DU FOUR

CHALEUR	° CELSIUS	THERMOSTAT	° FAHRENHEIT
Très doux	70 °C	Th. 2-3	150 °F
Doux	100 °C	Th. 3-4	200 °F
	120 °C	Th. 4	250 °F
Moyen	150 °C	Th. 5	300 °F
	180 °C	Th. 6	350 °F
Chaud	200 °C	Th. 6-7	400 °F
	230 °C	Th. 7-8	450 °F
Très chaud	260 °C	Th. 8-9	500 °F

Du même auteur...

...dans la même collection

- Craquez pour Bali !
- Craquez pour le surimi !
- Craquez pour la sardine !
- Craquez pour la banane !
- Craquez pour les wraps !
- Craquez pour les yaourts !
- Craquez pour les lasagnes !
- Craquez pour les crevettes !
- Craquez pour le Petit Billy !
- Craquez pour les terrines !
- Craquez pour le foie gras !
- Craquez pour les charlottes !
- Craquez pour le pain grillé !
- Craquez pour les petits farcis !
- Craquez pour la noix de coco !
- Craquez pour les brochettes !
- Craquez pour les œufs cocotte !
- Craquez pour les tourtes et pies !
- Craquez pour le pain maison !
- Craquez pour les biscuits apéro !
- Craquez pour les moelleux salés !
- Craquez pour les Saint-Jacques !
- Craquez pour les moelleux sucrés !
- Craquez pour la cuisine des ch'tis !
- Craquez pour les graines germées !
- Craquez pour les donuts et bagels !
- Craquez pour les petites mousses !
- Craquez pour les crèmes maison !
- Craquez pour le croque-monsieur !
- Craquez pour les flans et clafoutis !
- Craquez pour les sauces et marinades !
- Craquez pour les barres céréales !

Édition : Barbara Sabatier et Adèle Vay - Maquette : Natacha Marmouget - Fabrication : Thierry Dubus et Florence Bellot
N° d'édition : M10118 - Code MDS : 73675 - ISBN : 9782842709396
Photogravure : Alliage
Achevé d'imprimer en septembre 2010 par Gruppo Editoriale Zanardi en Italie
Dépôt légal : septembre 2010 - Édition N°1

LA COCOTTE
STAUB
LA COCOTTE
STAUB